♣ある自閉症者の生涯

原田　青 ◉紅書房

はじめに

Kは、自閉性障がいを持って生まれ、二十四歳の時、事故により命を終えました。

本書は、他者との情緒的かかわりの弱さから派生するさまざまなハンディキャップを背負いながら、精いっぱい生きた息子の二十四年間の記録です。

それはまた、人間として不出来な母である私が、突然難しい障がい児の親となり、驚き、とまどい、嘆き、そして愛し、学び、なんとか理解しようと努めながら、彼を生き延びさせてあげられなかった失敗の記録でもあります。

どうすれば良かったのだろう、どこで間違ってしまったのだろうという自責の念と、立つ瀬を失ってしまった我が身を負い目としながら生きてきました。

不意に訪れた時間の中で、何かを成すべきではないかと小さく思うことはありましたが、わが分をわきまえぬことと、すぐに打ち消していました。波乱に満ちた、息子との二十四年間でしたが、すべては私の個人的な体験として胸にしまい、ひっそりと生を終えるべきと、己を戒めてきました。

時のなせる業というのでしょうか。

没後十年をすぎたころ、文章にしてみないかと勧められたとき、それまで己を縛っていたものが、ふっと解けたのです。

同じ苦労を共にする親同士のつながりから物理的に切り離されても、私の思いは離れることができませんでした。遠くから得る情報によれば、今現在においても、自閉症がなぜ生まれるのか、その生物学的発生メカニズムは解明されていないとありました。それにもかかわらず、自閉症児は生まれ続け、図らずも自閉症児の親となった者と共に、波乱の時が刻まれていき、おそらくその流れが止むことはないように思います。

息子の生涯を、名前を持った個人ではなく、たくさんの自閉症者のなかの一例として明らかにすることで、何かの役に立てるかもしれないと思いました。

そして、自閉症について何も知らなかった方々には、ぜひ驚いたり訝しんでいただき、この地球の空の下で、このように生きている人たちがいることに、思いを馳せていただけたら幸いです。

なお、自閉症は、他者との情緒的かかわりの弱さを障がいの主軸としてはいますが、その深度や、もともと本人が持っている個性などにより、見かけは様々です。すべての自閉症者が息子のようではないことをお断りいたします。

■Kくん—ある自閉症者の生涯　目次

第三章（十六歳〜二十四歳）……78

装丁　木幡朋介
カバー・見返し・扉・本文中装図――K

Kくん——ある自閉症者の生涯

第一章（誕生～五歳）

誕生

Kは、一九七八年十月二十八日、姉二人の後の第三子として生まれた。夫や姑にとって、待望の男子誕生だった。

初授乳で胸に抱いた時の印象は、長じてからの逞しい彼からは想像できない、雛人形のように華奢できれいな赤ちゃんだった。こころなしか母乳の吸いも弱々しく、生命力に溢れていた娘たちに比べて覚束ないように感じた記憶がある。

特に問題もない入院期間だったが、退院時に、体温が下がりやすいので注意するよう指導を受けている。不思議な注意ではあったが、それ以上の説明はなかった。

大人しく、手のかからない子だった。注意を受けた体温の低下も、案ずるほどの事もなく、よく眠り、滅多に泣かなかった。三歳と、一歳二か月の幼い娘を抱えた母にとっては、ありがたい存在だった。

いくつもの違和感

最初に違和感を覚えたのは、生後三か月のころだった。母乳では補えない水分を与えようと、当たり前のように湯冷ましを入れた哺乳瓶をあてがったのだが、ゴムの乳首を舌で押し戻してしまい、吸ってくれない。何度試みても同じで、受けつけなかった。静かで、ほとんど自己主張をしない乳児からは思いもよらないような強硬な拒絶だったので、不審に思ったものだった。

そうは思いながらも、多忙だったこともあって、それが重大なことなどとは考えもつかず、それならばと、口を開いたすきに上から滴らせてしのいだ。

何か変だという思いは、順調に首が据わって抱くことが多くなってから、じんわりと増していった。私や家族の働き掛けに反応がないのだ。この時期の乳児は、母が慈しみの笑顔を向ければ、全身で悦びを表すものだが、何だか素っ気ないのである。

六か月も過ぎて、お座りが出来るようになった。けれども、座らせれば何をするでもなく、無表情というか、困ったような顔で座らされている姿は、置物のようだと思ったものだった。

反応の無さ、表情の無さに、刺激が足りなかったのだろうかと反省し、時間の許す限りかかわるようにした。頻繁に外へも連れ出し、電車を見せに行ったり、真っ赤な夕焼けを見せながら

「お日さま、あかいね。きれいだねーっ」

と、情感を込めて話しかけたりもしたが、彼の視線は夕日に向かっておらず、何の反応も示さなかった。

　この頃の事で最も不思議だったのは、彼にものを渡そうとしても受け取らないことだった。ごく自然に、乳児用のウエハースや、小さなおもちゃを与えたが、それらを持つ私の手さえ見えないが如く摑まないので、ウエハースも、おもちゃも、空しく落ちるのだった。

　物を摑めないのだろうか？　という疑念は、その後まもなく払拭される。

　這い這いができるようになって間もなくのこと。彼が自ら手に取ったのは、玩具の鉄琴を叩く金槌型の棒だった。自分で気に入った物は持つのである。そして、左手で匍匐前進をしながら壁をコンコンと叩いてまわった。これが、彼が最初にみつけた遊びだった。

しかし、手に持った棒を口に入れることはなかった。手にあるものは、何でも口へ持っていくのが乳幼児だが、彼が食べ物を自らの手で口へ運べるようになるのは、訓練を重ねた先の先のことである。

目が合わない。呼びかけても反応しない。言葉が出てこない。離乳できない。抱っこやおんぶの時にしがみつかない、等々。払拭しきれない不安はあったが、身体発育が順調だったこともあり、また、まわりの者からは、「男の子は成長がゆっくりだから」と言われることも多く、深刻には受け止めていなかった。

一歳になって

一歳になって歩き出すようになると、思いもよらぬ方向に走って行ってしまい、一時も目が離せなくなった。そして、相変わらず彼の目は何処を見ているかわからなかった。

公園などに連れて行くと、私と似た服を着ている女性に寄っていったりするので、母親が分からないのだろうかと、暗澹としたものだった。

離乳は困難を極めた。母乳以外一切受け付けない彼にほかの食べ物を受け入れさせるには、授乳を絶つしか方法はない。後から思い返せば、変化を恐れる彼との、最初の闘いといえた。けれども、彼自身、母乳では空腹を満たせなくなっていたのだろう。母乳に似た牛乳やヨーグルトから乳粥へ、パン粥へと少しずつ移行し、卵かけごはん、バナナ等をなんとか受けつけるようになった。面白いことに、その後母乳の誘いをかけてみても、二度と触ることはなかった。

皿回し

一歳二か月のころ、声掛けに対する反応の乏しさに、耳が悪いのではないかと疑い、耳鼻科へ連れて行ったことがある。しかし、聴力に異常はないと診断された。この結果は、後から考えてみれば十分頷けることだった。

この頃の彼の遊びは、壁叩きから紙破り、文字削り（印刷された文字を、爪で削って消す）へと移行し、さらに皿回しへと〝発展〟していた。丸い物をみつけると、くるっとほうって独楽のように回すのである。皿、ボウル、洗面器、屑籠。不可解と思いながらも、感心してしまうほど器用に回した。

その頃住んでいた我が家を少し下ったところに、広めの車道があった。ある日、家事をしていた私の耳に騒がしいクラクションが聞こえてきた。不吉な予感がして息子を探すと見当たらない。夢中で家の外へ走り出した私の目に飛び込んできた車道の光景は、想像を絶したものだった。息子が車道の真ん中にしゃがみ込んで、道にでも捨てられていたらしい大きな金盥を無心に回していて、車やトラックが、激しくクラクションを鳴らしながら、息子を大きく迂回して走っているのだった。

「神様!」と、おもわず叫び、転げるように走り寄ったのは言うまでもない。よく轢かれなかったものだと、思い出すたびにその時の恐怖が蘇ったものだった。

紙や、本の頁破りのときも、紙や本の文字削りのときも被害は甚大だったが、物が陶器となればなおさらである。彼の手の届かないところへしまうようにしていたが、食事時には出さざるを得ない。彼が二階にいるのを見計らって、細心の注意を払って音をたてないようにそっと出すのだが、彼はどこからか素早くやってきた。そしてお皿は回されてしまうのだった。聴力はすこぶる良かったのである。

不思議なまなざし

そんなある日、私の姉が夫婦で我が家を訪れた。賑やかな時を過ごし、帰る時間も迫ったころ、思い切った様子で姉が切り出した。

「あのね、気を悪くしないで欲しいんだけど、Kちゃん変わってるよね？　家の近くに自閉症の子がいるんだけど、Kちゃんのまなざしが、その子に良く似ているの」と言った。

「自閉症？」

「まさか！」

夫も私も、笑いさえして否定した。

姉は、「私の思い過ごしであればいいんだけど」と言って、帰って行った。

思い返してみれば、不可解なことの連続であったたし、指摘された通り、Kの視線はどこを見ているか分からず、特に人にまっすぐ向けられてはいなかった。身近な関係の者であればあるほど客観視できず、障がいがあるという認識にはたどりつけないものなのかもしれない。

しかし、青天の霹靂のようであったその障がい名は、否定しても否定しても暗雲のごとく脳裡を覆い、ついに夫が関連本を購入してきて、二人で貪るように読んだ。

それらに書いてあった〝自閉症児の特徴〟は、ことごとく息子に当てはまった。

「表情が無い。視線を合わせない。言葉を話さない。言葉がでても、コミュニケーションのために言語を使用しない。特定の物への固執（特定の形態が認知されやすい）。常同的行動（変化への抵抗）。感覚の異常。男児に多い。二歳以内に発症。奇妙な動作（手をひらひらさせたり、指の間からものを見たり、身体をくねらせたり、くるくる回ったり、身体を前後に揺する）」

〝感覚の異常〟や〝奇妙な動作〟はまだ見られなかったが、これまで抱いてきた疑問や謎が解けていくように、得心がいった。

「母や父からの愛情不足によって、自ら心を閉ざしている」のではなく、「脳の先天的な器質または機能障害による重度の情緒的人間関係の欠如で、不治である」というこの障がいの叙述は難しく、ほとんど理解できていなかったと思うが、それでも、息子は自閉症に間違いないと思った。

保健所での検診

一歳半になった。

保健所での一歳半健診で、覚悟していた通りチェックが入り、小児科医の診察を受けるよう指導された。

指定された小児科医院でのこと。順番が来て診察室に入るや否や、息子は、医師の横をすりぬけ、奥にあった籐の屑籠に突進すると、中の紙くずを払い捨てて、床に座って態勢を整えると、丸い籠をくるくる回しだした。

大人たちの、暫しのフリーズ状態の後、気を取り直して問診を始めた医師は、最後に、「お母さん、大変お気の毒ですが、自閉症かと思われます。専門医の診察を受けてください」と言った。

医師の診断は決定的だった。素人判断かもしれないと願っていたかすかな逃げ道は完全に絶たれた。

深い絶望の日々が始まった。

普通の男の子の生活は望めないのだと思い知ると、近所の道で行きあう野球少年たちを見ては泣き、グラウンドを走り回るサッカー少年たちを見ては泣いた。

夫や姑、それに連なる親戚縁者への肩身の狭さ。別けても、突然に障がい児のきょうだいになってしまった二人の娘の困難であろう将来を思うと、胸塞がれ、涙が止まらないのだった。

昼には、娘たちに暗い顔を見せてはならないと精いっぱいの笑顔で過ごしたが、夜になれば、無心に眠る子供たちの枕辺で、息子を愛しく思う一方で、娘たちの将来に困難をもたらすであろう障がい児としての息子を負担に思う気持ちがせめぎ合い、眠れぬままの日が続いた。

何故自分が、どうしてこの子がと、答えのない暗闇をさすらった幾日かの後だった。ある日、息子の身体が成長していることに急に気付かされた。それは文字通り、息子の身体的成長という面もあったが、私自身のなかで無為の日々に別れを告げるべきではないかという思いが、息子の身体が大きくなってしまうという切迫感をもって目を覚まされたといえるかもしれない。

泣いている暇などない。一刻も早く療育の道筋をつけなければならない。逃げる道などない。この子を受け止めるのは自分しかいないのだという、当たり前のことにようやく気づかされ、よろよろと立ち上がった。

一歩前へ

自閉症関連本に掲載されている専門医の中から、夫と二人、迷いに迷いながらこの方にお世話になろうと決めたU病院のN医師を訪ねたのは、息子二歳の誕生月だった。緊張している両親に一通りの問診を済ませると、N医師はニコニコと息子に向き合い、木製の嵌め込みパズルを見せた。

たしか5ピースくらいのものだったと思うが、N医師自ら扱って見せ、再度ばらしてから、「できるかな?」と息子に与えた。

するとどうだろう!

息子は、さほど考える風でもなく、即座にパズルを完成させたのである。それまで、何も分からないのではないかと絶望していた私たちに、息子が見せた初めての知的な行為だった。けれども、私たちの、喜色満面の様子を見てとったN医師は、

「これは、知能とは関係ないのですよ」

と言ったのだ。

知能とは関係ない？　嵌め込みパズルができたのに？

意味が理解できず混乱したが、折角診察にきたのだからと必死に気を取り直した。そして何か質問をしなければと焦りながら、当時、ようやく私に懐き、他の者に抱かれるのを嫌がるようになっていたことを思い出し、

「この頃、ようやく母親が分かるようになって」と言うと、N医師は、

「そうかな？」と、笑ったのだった。

N医師の言葉の一つひとつに納得できないでいる私たちに、N医師は、自閉症として息子は重度であると念を押して、

「手強いけれど、一緒に頑張りましょう」と言った。

N医師の言葉の真意を、当時の私たちが理解できるはずはなく、何とも噛み合いの悪い初診ではあった。

形状の認知に長けている一方で、母親をはじめ人の顔を認知しにくいことが、自閉症の本質にかかわる障がいであること、N医師の言う〝知能〟が、社会知を指しているのだということを私たちが理解できるようになるには、その後の長い取り組みが必要だった。

しかしこの日、うれしい気づきもあった。

診察室を辞した途端、走り出した息子の姿を見失い、慌てて探しまわった末に発見した息子は、広いエントランスの真ん中で、天井を見上げて笑っていた。

うれしそうに身体を揺すって。初めて見る笑顔だった。

何を見ているのだろうと息子の視線を追うと、天井には、いくつもの円の重なりをモチーフにしたレリーフが施されてあった。

マルだ！　と初めて気づいた。息子はマルが好きだったのだ。回せる皿や洗面器、屑籠。そしてしゃぼんだま、丸型の各種ロゴマーク、アイスクリームやヨーグルトの容器……。

そうだったのかと納得して、しばらく一緒に眺めていた。

親子訓練教室へ

月に一度の専門病院での診察と並行して、保健所から紹介された、区の心身障がい者センターに付設された未就学児親子訓練教室に通うことになった。

この施設は、当時の我が家の近くにあって、出入りする職員や利用者を、傍観者として見知っていた。息子が障がい児と分かってからは、息子を恥じ、人の目に怯えてばかりだった私に、この皮肉な巡り合わせは受け入れられるはずもなく、初登所の日、私は施設の手前でぐずぐずと入れずにいた。しかし、そんな不甲斐ない母をしり目に、息子は、広々として、いかにも子供の興味を引くその空間に、わけもなく走り込んだ。その息子を追いかける形で、ようやく足を踏み入れることができたのだった。

当初は、息子のことを話そうとすると涙が溢れ、泣いてばかりだった。訓練室の、賑やかで突き抜けたような明るさにも、挫けた心はなかなかついていけなかった。

けれども、その環境に馴染むのに、そんなに時間はかからなかった。温かくやさしい職員たちや、明るく、頼れる先輩の母親たちと日々を過ごすうちに、いつの間にか、たとえ表面だけであったかもしれないが、明るく強い障がい児の母になっていった。

　肝心の息子は、楽しそうに館内を走り回ってはいたが、朝の集いや手遊びに始まる集団行動には、何一つついていけなかった。

　それでも、そのマイペースな行動が、幼いからと大目にみられ、また多くの自閉症者と同じく、幼少期の顔つきが普通っぽいため、他の親たちからよく、「Kちゃんは、どこが悪いの？」と質問され、返答に困ったものだった。

　職員たちも、

「取り付く島が無い」

「かかわるきっかけがつかめない」

と嘆きながらも、辛抱強くかかわってくれた。たまに走り寄って行って職員を喜ばせたが、その人の服についている丸いバッジや、特定のメーカーのロゴが目当てだと分かって、職員をがっかりさせもしたが。

このころの息子は、言葉どころか、意志の疎通もはかれないので、彼の日常は、私の一方的全面介助で過ぎていた。

ところがある日、脱いだズボンを穿くよう促す職員と、それに反応した息子を見た時、目から鱗が落ちる思いをした。何もできないという思い込みを恥じ、深く反省したのだった。

同じでないといけない！

それから程なく、息子はたびたび強い癇癪を起すようになった。

最初は靴だった。

ワンサイズ上げる時期に来て、新しい靴を履かせようとしたが、ひっくり返って泣き叫び、何としても履かせることができない。自閉症児を持つ先輩の母親に相談すると、同じメーカーの、同じデザインじゃないとダメかもしれないと言う。慌てて探したが、運悪く販売されなくなっていてどうにもならない。結局、結構な戦いの末に、彼が新しい靴を受け入れたのだが、その時の、涙に濡れた悲しげな彼のまなざしは忘れることができない。

次は、外出の際の路上でのことだった。

その日は時間がなくて、近道をしようと、いつもの道を逸れたときだった。突然デンッとひっくり返って泣き叫び、抱きかかえることも引きずることもできなくなった。幼児とは思えない程の力で抵抗され、途方に暮れてふと私の力が緩んだとき、彼はするりと抜け出し、いつもの道へ走った。そして追いかけていった私の手を取ると、何事もなかったかのようにすたすたと歩いた。そうされて、彼は道が違うと訴えたのだと、初めて気付いたのだった。

これらが、自閉症児の特徴とされる「同一性の保持」だと判明したのは、N医師の診察においてだった。私の、嘆きに満ちた報告を聞いていたN医師は、

にこにこと息子の頭をなでながら、

「やっと覚えたんだものね」

と、息子の方をねぎらったのだった。

ずっと変化を受けつけないとすると、彼の今後はどうなっていくのだろうかという疑問もわき、なかなか納得しがたい説明だった。

医学書に書かれてある珍しい病態を、幼い我が子の振る舞いの中に見極めるのは難しい。この後も、癇癪を起されてからようやく気付く、といったことを繰り返す、後手に回ってばかりの母親だった。

通所施設での訓練室で、集団療育に乗れない息子の為に特別な療育が試みられた。まだ若い女性心理士が指導に当たってくれた。週に一度一時間ほどのプログラムだったが、心理士手作りの組み立て遊具での遊びを始め、様々な工夫を凝らしてくれたことを覚えている。そんな触れ合いの中で、息子を見ていた

心理士が、感慨深げに、

「これから自閉症者としての人生がはじまるのですね」

と言った。

その時点では、自閉症というものを半分も理解しきれず、親としての覚悟も十分でなかった私は、その心理士の冷静な物言いに驚き、腹立たしい思いさえしたのだった。

しかしそれから何年かの後、その言葉が、心理士として自閉症の全貌を知るがゆえにつぶやかれたものであると納得する。その言葉通り、普通の人間とは違う、独特の脳機能を持った自閉症者としての人生を、このとき息子は歩み出したのである。

初ラーメンとクレーン現象

息子を、公衆の中に連れて行くのは難儀なことだったが、娘たちの社会見聞を狭めたくなくて、どこへでも一緒に連れて歩いた。

ある日、デパートへ行った。昼時になって大食堂に入ったときのこと。娘たちにはラーメンを注文し、食べられるものが限られていた息子のために、持参したバナナや、これも持参した卵とごはんで卵かけごはんを準備していると、娘たちのラーメンが運ばれてきた。賑やかに娘たちが食べ始めたのを見ていた息子が、突然私の腕を取ってラーメンの方へ押しやった。初めは何のことか分からなかったが、何度かされるうちに、「アレヲトレ」ということなのかと察知して、「え？　ラーメン食べるの？」と驚きながら少し与えてみた。すると、おいしそうに食べたのだった。初ラーメンだった。

食べられるものが増えたのはうれしかったが、欲しいものを、私の手を使って要求する行為は、なんとも不可解だった。これが、自閉症児に特有な、人の手を使って目的の物を取ろうとする「クレーン現象」と言われるものであることを後に知る。その名の由来は、工事現場などで、目標の物をクレーンを使って操作する様子に似るところから来たようである。

自分の目の前にある物でさえ、私の手を介して得ようとするこの手法は、ほぼ幼児期を脱するまで続いた。

初めて見失う

クレーン現象と並んで自閉症児に特有と言われる行動に、「多動」がある。無目的に動き回る、歩き回るという行動特徴を表わす言葉で、息子も歩き出したころ、あちこち走り出して目が離せなかった。

N医師のもとに、月に一度通うようになって三回目の時だったかと思う。診察の帰途であった。小田急線を降りて、乗り換えのJR新宿駅地下のコンコースで息子のオムツを替え、汚れ物をバッグにしまって顔を上げると、息子の姿が消えていた。わずか三秒程のことだった。

頭も心臓も真っ白になって探し回ったが、見つからない。周辺を何度も走り回ったが見つけられず、まず地下交番に届け、次に連絡各線の駅員に協力を依頼した。そして地上の交番にも届けた方がよいかもしれないと思い、いつも利用している地上へのエスカレーターに乗ろうと上を見上げたときだった。信じられないことに、エスカレーターを上り詰めたところに息子の姿があった。二歳になったばかりである。次々と上がってくる何倍もの大きさの大人に、右へ左へと押されながら、踏ん張って立っていた。

我が身が溶けていくような安堵に包まれながら、私を待っていたのだろうか？　いつものところで、私を待っていたのだ！　と確信した。

その夜、この日の出来事を何度も思い返しながら、この子は何も分からなくはないと思い、微かにだが、知能と意志の存在を感じたのだった。

これが彼の最初の失踪事件だった。

行動療法とは？

二歳半になって、幼児訓練室への登所は毎日となり、単に経過観察であったU病院の方も、週に一度、行動療法を受けることになった。その時、当然、担当医から「行動療法」について説明を受けたはずなのだが、何ほどの記憶もなく、「K君の一番好きなおやつはなんですか？」と聞かれたことの真意も理解できず、不思議な思いのまま「アイスクリームです」と答えたのだった。

週に一度、この療法の様子を隣室のガラス窓越しに見学し、触発されて始めたにわか勉強によって分かったのは、自閉症が脳の器質あるいは機能障害であるという論点に立って新しい試みとして始められた療法であり、さまざまな情報に対して、適正な行動選択や言語選択ができるよう、強化子（菓子など）を使って一つひとつ訓練していくということのようだった。好きなおやつをたずねられたのは、この強化子のことだったのだ。

自閉症の最大の障害である、母親をも含む人間との情緒的結びつきの希薄さが、何を原因としているのか。日本においては、長い間、母親の育て方や両親の冷たい人格の遺伝などとされてきた。それは、我々の先輩母親たちの苦難の歴史でもある。この説を、私は容認できなかった。難しいことはさておき、三人の子を同じように育ててきて、息子にだけ愛情不足などあり得ないからである。

日本において、原因を脳の器質あるいは機能の不具合と定義づけたのは、N

医師が初めてではなかったかと思う。それこそが、私たち夫婦が彼を主治医にと決めた重要なポイントだった。

しかし一九八〇年代のこの頃、自閉症の原因を何に置くかは定まっておらず、したがって成長を促すための療法もさまざまな方法が提示されていた。

行動療法も、指導のありさまが動物の調教にも似るので、原因を心因とする学説派の人たちからは批判されていたように思う。

実際、私にしても、進取の療法を試みるU病院と、どのような障害があっても幼児の発達は一つの道筋を通るとする発達心理学に基づいた療育をする幼児訓練室と、方向性の違う二つの療育を息子に受けさせている矛盾に気づいてはいた。しかし、親にとっては何が本当なのかさっぱり分からない。良いといわれることを何でもするしかないのだ。

息子の流儀

この頃の彼の遊びは、皿回しから、家具の隙間に物を押し込むことに移り、娘たちの大切なものや彼自身の連絡帳もが見つからなくて騒ぎが度々起きた。キラキラしたものや、明かりが好きで、誰も教えないのにスイッチを操作して、灯りを点滅させて楽しんだ。家ならば家族が我慢をすれば済むが、よその建物では大迷惑になる。スイッチの在りかを探し出すのが目ざとくて、防御しようとする私と、しばしば闘いとなった。

道順へのこだわりは相変わらずだったが、加えて、家の中の、物の在りどころにこだわった。物が移動するとすかさず元の場所に戻し、物が毀れると悲しそうに泣き伏した。ドアや襖、障子の開けっ放しを許さず、自分が高熱を出して寝かされている時でも、家中のドアを閉めて歩いた。

また、身体を束縛するものが嫌いで、帽子や靴下でさえ身に着けるのを嫌がり、リュックなど背負わせようものなら、拷問にでもあったような騒ぎで振り落した。

粘土のようなべとべとした感触の物が嫌いで、海苔のまかれたおにぎりでさえ、与えると、さも嫌そうに捨てた。

お気に入りは、しばらくは丸いプラスチック容器だったが、その後たまたま散歩の途上で道に落ちていた黄緑色のテニスボールに心奪われたようで、常に手に持っていた。

一番の変化は、私への意識が強くなったことかもしれない。ほんの一瞬、さっとだが、顔を見るようになり、簡単なことなら私の手を使って要求を伝えるようになった。首にかじりつくようになったので、おんぶも楽になった。母を独占しようとし、娘たちが私に触れると、引き離そうとした。

娘たちとのかかわりは難しく、彼女たちが腹ばいになって遊んでいると、まるで物を踏むように娘たちを踏み越えていくありさまだった。すべての介助が私でないとならないので、嬉しいけれど多忙極まりなかった。

初めての場所や、見たくない物があると、眼をつむって見ないようにしていた。食事で、嫌いなものがあると私の口に押し込んだとき、最初は何のことか分からなかったが、いやなものは自分の視界から消そうとしたのだと後になって気づいた。

悩ましい岐路

その年の十月、三歳の誕生日を迎えたころ、私は今後の進路に迷っていた。選択肢は三つあり、一つはひきつづき訓練室への通所。二つ目は障がい児枠で普通の保育園へ入所。三つ目はU病院のデイケアだった。訓練室では、健常児との触れ合いを重視して、保育園の障がい児枠を勧めてくれていた。

難しい選択だった。悩みに悩んだ末、自閉症ケアに特化しているU病院のデイケアを選んだ。

軟弱だった私を、障がい児の母として育ててくれた幼児訓練室。心苦しくはあったが、深い感謝とともに別れを告げた。

一九八二年四月、三歳半になって、U病院への毎日の通所が始まった。生活全般介助が必要ではあったが、私が特に希望を託したのは、偏食の是正と自分で食事が摂れるようになることと、おむつをはずしたいということだった。

デイケアに通って半年過ぎたが、三つとも、なかなか好転しなかった。食事は、偏食も悩ましいものではあったが、相変わらず自分の手で食べ物を口へ運ばない。運動能力に問題はなさそうなのに、どういうことなのだろう。

午後四時、息子を迎えに行くと、担当職員から、「今日も昼食をとっていません」と報告される。

食事の改善を図るなら、本人の好きなものを与えないこと。食事をぬいて、空腹にさせるのに尽きるのだが、親は一食食べさせないのが精いっぱいで、二食ぬくことはできない。かくして家への帰路、ラーメンなどを食べさせてしまっては、デイケアスタッフの奮闘を無駄にしているというジレンマに陥っていた。

排泄の方も、困難な状態だった。

大便も小便も、二歳のころから、出ると私の手を股間に持っていき、早く取り替えてというようにころんと寝転がった。そのうち、小便でおむつが濡れると、気持ちが悪いのか自分でおむつを引き抜いていたりしたので、早く取れるのではないかと楽観していた。しかし、それからが手強かった。便器にすることを頑として拒んだのである。

この頃には、〝同一性の保持〟という傾向もかなり理解していたので、一回経験すれば通過できると思い、夫と二人、さまざま工夫をしてみたのだが、うまくいかない。便意を催すと泣き出すので、それっとばかりに便器に座らせるのだが、彼はそっくり返って抵抗し、我慢をしてしまう。疲れて手を離すと、一目散に別の部屋の隅に行き、床に落としてしまう。

彼はうんちが嫌いで、自ら落とした後、見たくないというように逃げ歩いた。そのころ住んでいた家が、いわゆる日本家屋で、逃げ込む場所がたくさんある構造だったこともあり、どうしても最初の一回を便器でさせることができないでいた。

U病院への入院

そんな悩みをN医師に相談すると、

「通いでは無理ですね。二十四時間管理でなくては改善できません。少し入院してみますか?」と入院を打診された。

私は疲れていた。入院などということを考えたことはまったくなかったが、現在の家でおむつを取ることはできないと絶望していたところへ、入院という提案は、一筋の救いであった。息子を手放す罪悪感を振り切って病院に一切を託すことにした。

その決心の背景には、息子に手を取られ、娘たちに思いの半分もかかわれないでいる苦しみがあったと思う。娘たちは、幼稚園や、小学校入学という大事な時期を迎えていた。

四歳から、一年と二か月ほど、全面的に預けた。この入院期間のことは、切なく苦しく、思い出すのもつらいのだが、週末帰宅して月曜に戻すとき、息子は激しく抵抗した。当然のことである。何度も折れそうになったが、目標を達成するまではと、心を鬼にして病院に戻した。

一年たったころには、小児病棟職員の温かくも粘り強い援助によって、おむつも取れ、食事も一人で摂れるようになった。感謝でいっぱいだったが、彼の一生という長いスパンでみたとき、この入院が、この時期に必要であったかどうか、私には分からない。

この件には、後日譚がある。長じて二十歳を過ぎたころだった。その日の彼は安定していて、同室に、私と穏やかな時間を過ごしていた。いつものように彼の唯一の読書といえる地図帳を見ていたが、S区のページを開いて私にU病院を指でさし示した。胸の痛みをこらえながら、

「そこにいたね」と私が応じたが、違うらしく、なおも指し示す。

「行ってみたいの？」と尋ねると、彼はトントンと床を指して、

「イエハココダッタ」または

「イエガヨカッタ」と伝えてきた。

穏やかな表情で、責めるというのでもなく、しかしきっぱりと、強く床を指し示した。

私は驚き、一瞬言葉に詰まったが、すぐに気を取り直して謝った。そして、絵やら文字やら身振りも動員して、排泄と食事のためだったと弁明した。

彼は、一瞬まっすぐに私を見たが、その事情を理解してくれたかどうかは分からない。私を許してくれたかどうかは分からないままである。

第二章（六歳〜十五歳）

幼稚園入園

身辺のことがある程度自立できるようになって、私は幼稚園入園を望んだ。U病院を退院の後、N医師に進路を相談すると、国立の教育大学系の付属幼稚園などを紹介してくれた。だが、実際足を運んでみると、いずれも大変な狭き門で、年長からの入園など不可能なことが分かった。

そんな頃、自閉症教育に特化しているとする私立M学園の存在が、マスコミで度々取り上げられていた。ただし評価も様々であったので、自分の目で確かめてみようと見学に行った。

明るい雰囲気でよい印象だった。見学の後の説明会で、年少からの進級児で定員はいっぱいであると聞かされ、ここも狭き門なのかとがっかりしていると、その日申し込めば年長からの募集にまだ間に合うと言う。あれこれ迷う暇などなく入園希望を即断した。

後日息子を伴って面談を受けた。合格基準が何にあるかは知り得ないことだが、息子は入園を許可された。熟慮する間もない決断ではあったが、息子には専門的な教育が期待され、なにより娘たちの生活領域から少しでも距離をおける状況になったことに安堵したものだった。

一九八四年四月、M幼稚園への通園が始まった。

電車内での奇声や急な排泄サイン等々、問題は山積みだったが、息子が、親の心配に反して新しい環境を前向きに受け入れている様子が感じ取れて、私も頑張ることができた。

ライオンの絵描き歌

幼稚園のプログラムの中でも、絵描き歌は、これまで何かを書く（描く）経験のなかった彼の潜在能力を刺激したようだった。

　六月初めに、作品展が催されたので夫婦で見に行った。ぐるぐる線や点々の作品が多い中に、まだ弱々しい線ではあったが、彼のライオンの絵が展示されてあった。それは思いがけないことであったし、重度であるという諦めから出発している両親を喜ばせた。

　さらに、その絵をよく見ると、ライオンの右上に四本の線が描いてあって、それが、ら・

ライオンの絵

い・お・んという文字のつもりだと担当教諭から聞かされたときは、驚きと感動をおぼえたものである。

秋の運動会では、簡単なマスゲームを披露してくれた。前に立つ教師を正視し、しっかり模倣していた。

駆けっこは、思いもよらない展開になった。どこかへ走って行ってしまう時の足の速さを知っている親は、実は秘かに期待していたのだが、彼は、ニコニコと真ん中辺りを走った。少し先になってしまうと、みんなが来るのを待った。さらにゴールで、どの子にもテープを張ってくれるのだが、彼はテープに困って立ち止まり、しばしためらったのち、テープを潜ったのだった。ビリだった。

それからも、駆けっこのテープ潜りは、しばらく続いた。

この年は、安定して成長も見られたが、なかなか言葉は出なかった。自閉症児の集まっている環境の中だったが、言葉のない子は少数だった。仲間の母たちも気にかけてくれていて、「昨夜、Kちゃんが喋っている夢を見た」などと報告してくれると、ありがたく思うと同時に、心中穏やかならざるものがあった。

「オカアサン」と、息子が言う夢を、何度見てきたかしれない。

息子を指さして、「Kちゃん」と呼び、自分を指さして「おかあさん」と教えてみても、彼は、私の指さす動作を真似るだけだった。

この学園には、日本中から自閉症児が集まっていた。発語に関しての様々な情報を得るなかで、切羽つまった状況に追いやると思わず言葉を発したという話に発奮して、いろいろ試みてみたが、息子は応えてくれなかった。

半ば冗談、半ば本気で、夫に

「怪我しない程度に車をぶつけてみてくれない？　思わず〝痛い！〟と言うかもしれない」などと頼んだこともある。無論却下されたが。

夜の公園

随分成長したとはいっても、普通児の中、例えば公園などに連れていくと、ごく表面的な交流でさえ難しかった。

息子は、臆病というのか、慎重というのか、滑り台など、両足を側面に充ててブレーキにし、滑らないようにして滑るので進まず、彼の後ろには、アッという間に列ができてしまうのだった。奇異な様子は仕方がないとして、他の子供の邪魔になることが多く、娘たちがデビューした公園は勿論のこと、近隣の公園には行けなくなった。

そんな頃、家から少し離れたところに、設備の整ったアスレチック様式の児童遊園ができた。子供たちを遊園で思い切り遊ばせてあげたいと思案するうち、夜連れていけばいいのではないかと思いついた。

夕食を早めに済ませて、近所の子供たちが夕ご飯に家に帰るころを見計らって連れていった。当然貸切状態で、息子も含めて子供たちは思う存分遊べた。通いだして何度目かの時だった。月明かりに照らされてできた遊具の影の幾何学模様を見ていた時、突然強い孤独感に襲われた。夜の公園で遊んでいる我が子たちも、それを見ている私も、無性に哀れに思えてきて、いたたまれなくなったのだった。

小学部へ進学

翌一九八五年、M学園小学部に進学した。

M学園は、普通児との混合なので、幼稚園とは雰囲気ががらりと変わった。妙な表現だが、規律に満ちた学校らしい学校だった。

校舎は、普通児クラスとは別にあり、校庭を挟んで向かい合って建っていた。

自閉症児クラスは少人数にクラス分けされ、徹底した能力別だった。その中で能力の高い幾人かの自閉症児が選ばれて、普通児のクラスに配属される仕組みになっていた。

私が最も驚き、且つ違和感を覚えたのは、教育カリキュラムが、重い子のクラスでも普通児のものに準拠していることだった。

しかし、隠れている能力を刺激し引き出すという学園の教育実践を信じて、周囲の母たちは驚くほどの努力を重ねていた。

戸惑いながらも、新しい環境を楽しそうに受け入れている息子の様子に励まされ、こくご、さんすう、書写、漢字表、ピアニカ、スケートボード、一輪車など、次々に出される課題にいっしょに取り組んだ。

猛烈に絵を描きだす

これらの課題の出来は捗々しくなかったが、間もなく、彼は夢中になって絵を描きだした。学校で出される絵の模写ではない、独特の絵だった。初めのころは、筆圧の強い線を幾本も書き連ねる抽象画のようだったが、そのうち、その中に具象の物が混じるようになっていった。それは冷蔵庫であったり、娘たちの人形の家であったりした。目の前にあるものを写生するのではなく、彼が、脳裡に認知したものを再現しているのだと分かった。

紙であれば何でも、手当たり次第に描きなぐった。

私は、この子は将来絵で生きていけるかもしれない……と小躍りしたが、そんな母をあざ笑うかのように、一学期も終わるころ、パタッと描かなくなってしまった。その後は、絵は見本を模写するものと決めてしまったようで、自分の絵を描くことはなかった。短い夢だった。

二回目の失踪

一学期のできごとでもう一つ忘れられないのは、五月の遠足での失踪事件である。勿論親子遠足だったが、教師が預かっていた時点での出来事だったので大騒ぎになった。

間もなく見つけ出されたが、学園では、規律違反をすると正座をさせて反省を促すらしく、しばらく正座させられていた。

参加者が昼食をあらかた食べ終わったころに、私のもとへかえされた時撮られた一枚の写真がある。その中で彼は、汗にまみれ、泣きぬれた顔で、私の手を介して水筒の水を要求している。

彼の悲しみが、他人に叱られたことでもなく、正座させられたことでもなく、思い通りにいかなかった無念さだと分かる。正座が、罰だ、と理解できるようになるだろうかと、心中、心許なかった。

小一の後半になっても、ひらがなが理解できなかった。ひらがなカードを作って、一字ずつ発声しながら示し、そのあとで彼にカードを取らせようとするのだが、ちんぷんかんぷんなようだった。よくよく考えてみれば、その頃、ようやく、もの言う私の口元を不思議そうに見るようになり、何か音を発していることに気づいたのか、私の口元に自分の耳を近づけるようになった段階だったから、無理なことを強いていたわけである。

息子本来の性格は？

小学二年になると、幼稚園や小学校入学時にみせた新鮮な輝きが見られなくなった。何となく、惰性でやっているように見えるのだ。

そこでふと、飽きっぽいのではないのかと思った。

以前から、自閉症児にも、障害の特性以外に、両親から受け継いだ個性があるはずだと思っていたので、我が身を振り返れば、思い当たることだった。

他にも、障害の特性を離れていえることと思うのだが、彼は明るい子だった。自閉症が、その障がい名の字づらから、自分の殻に閉じこもっている暗い人というイメージが、まだまだまかり通っていた時代だったので、周りの母たちから「Kちゃんは自閉症のようじゃないわね」と言われることがよくあった。いたずらっぽい目で、私の指示したことと違うことをわざとしてみせて私をからかうなど、彼独自のユーモアを持ち合わせていた。しかし笑いに関していえば、多くの場合彼一人だけの笑いだった。彼の面白いと思う基準が何にあるのかは不明だったが、言葉もわからず、取り込める情報も限られているのに、なぜ笑えるのか、不思議ではあった。

プラモ少年

絵を描かなくなって、私が相手をしないと何もせずごろごろしているばかりになった。ごく自然に、同年齢の男の子がする遊びをさせようとしても、ほとんどが無反応なので、彼の相手をするというのはなかなか根気のいることだったが、心を奮い立たせていろいろ試してはみた。

そのなかの一つに、ボール遊びがある。いわゆるキャッチボールの真似事だが、私がボールを彼に向って放ると、彼は、私が投げたボールを拾い、困ったような顔をして私のところまで歩いて届けにきた。これまで見たことのない特異さに驚いたが、同時に、なんて優しい行動なんだろうとも思った。物を投げるということが分からないのだと判断して、娘たちを動員して見本を見せたが、キャッチボールが出来るようになるにはその後何年も時間を要した。

ある時、ふと思いついてプラモデルをさせてみた。

最初は、菓子のおまけについている5ピースくらいのものを私が作ってみせたが、期待通り強い関心をみせた。基本パーツの絵と組み立て方の手順図、完成図を見て、まもなく一人で仕上げるようになった。

見事に嵌って、パーツの数も増えていった。本格的なプラモデル店に出入りするようになり、彼が自分で選んで購入するようにもなった。

プラモデルが、完全無欠の工作であり、どんな小さな部品でも一つ欠ければ完成しないものであることを、プラモデル音痴の母はあらためて知ることになる。乱雑極まる部屋で、部品紛失事件は度々起こった。パニックに陥る彼を収めるには同じ部品を調達するしかなく、そのたびにプラモデル店に走った。自分が勧めておきながらうんざりしていたが、彼が一人で時間をつぶせる道具として得難く、ずるずると続いた。作品は増え続けて、二階にある部屋の壁に据えた飾り棚に陳列された。

三年ほどたったある日のこと、私はその部屋に入って、何とはない違和感を覚えた。よくよく見ると、棚のプラモデルが全部消えていた。訳が分からずあちこち探してみたが見つからない。もしやと思いベランダから下を覗くと、隣家の裏庭に全部捨てられていた。

彼にすれば、見るのも嫌なほど飽きていたわけで、私がそれに気付けなかっただけのことである。

ひらがなより漢字

勉強の方では、相変わらずひらがなと音声は一致しなかった。書く方は、見本さえあれば、筆圧の強い四角張った字で写し取れた。

ひらがなカード取りに疲れ果てたある時、ひらがな一字一字には意味のないことに思い至り、これを息子が理解するのは絶望的に思えた。そこで、物を表す記号として教えてみようと思い立った。

最初に、息子の名前を先を見越して漢字で教えた。そして社会通念上カタカナの物はカタカナで、漢字の物は漢字で教えた。不思議なもので、漢字の方が現物の印象と結びつくらしく、「水」「木」「家」などは、すぐに一致し、書けるようにもなった。彼の年齢や、環境に合わせて、名詞を増やしていった。

この方法が正しいかと問われたら、自信はない。

彼が中学一年の時だった。いつものように校門脇で待っていると、息子が慌てた様子で左のてのひらに右手の指で何か書きながら走り出てきた。なんだかわからないので紙と鉛筆を渡すと、「人」と書いた。大発見！　といった様子で喜びに顔が輝いていた。人への関心や共感の乏しいことが、彼の負っている

障がいときめつけ、物の名前が分かればいい等と思っていたので、大変に驚き、

「すごいねKちゃん！　〝人〟が分かったんだね」

「そうだよ、Kちゃんも人。お母さんも人。先生も人なんだよ」と、母は興奮して喋り続けたものだった。

一つひとつ乗り越える

しかし小二のころの息子は、親にとって喜べることはわずかで、苦難の連続だった。

自他の区別が希薄で、電車に乗っているときなど、向かいに座っている乗客の鞄の中に、自分の興味を引く冊子やプリントがあると、近づいて行って、驚く相手をよそめにひっぱり出して眺めたりした。

行動に妙な癖を持ち、一例をあげれば、私は「カクカク歩き」と呼んでいた

のだが、駅の階段などを隅から隅へ真四角に歩いて、行き交う人々にさんざん迷惑をかけた。癖は止めようとしても止められず、一年ほど続けると次の新しい癖に移行して終わらず、付き添う母親の気苦労は絶えないのだった。

隣家に入り込んで水遊びをする。店の品物を持ってきてしまうこともあった。最も被害を蒙ったのは二人の娘たちで、教科書や、大切なものを破損されて、何度泣かれたか分からない。

初めての物や事柄を警戒するのも自閉症児の特徴だが、息子の場合も、一つひとつ大騒動を巻き起こした。例を挙げればきりがないが、例えば散髪。爪切り。歯科受診。歯磨き。レストランでの食事。遊園地での順番待ち等々。

いずれも、最初の抵抗が華々しいので気合の入ることではあるが、見本を見せるなどして、本人の身に危害の及ばないことなのだということを理解させると、呆気ないほど簡単に受け入れることを母は少しずつ学んだので、恥も外聞も捨てて説得を続け、経験を積ませた。

信号を理解する

小学三年になって担任が変わり、父母を交えての顔合わせが開かれた。始まって間もなく、息子が、担任に向かって抗議するように「アーッ」叫んだ。訳が分からず驚いたが、初めてのことだったので、あとで担任に何があったのか尋ねると、意外な事実を話してくれた。

前日のこと。持ち物確認で息子がハンカチを忘れていたので、みんなの前で軽くからかったのだと言う。教師にしてみれば、他意のないことだったと思う。ただ私は、息子に辱められたと思う感情があることに驚いた。その後も、何度かそれに近い様子を見るに及んで、彼にはプライドがあるようだと思った。

この担任には、六年まで受け持っていただいた。たくさんお世話になったが、特筆すべきは、交通信号を完全に理解させてくれたことである。

最初試みを話された時は、息子が、信号の仕組みを理解できるとはとても思えなかった。しかし担任教師は、校門から少し行ったところの横断歩道を利用して淡々と取り組み、三か月くらいで覚えさせた。彼の確実な理解を目の当りにして、感謝すると共に、息子の能力を過小評価していたことを反省した。その後彼は、どこにある信号でも対応し、誰がどんなに違反をしようとも動じず、正しく信号を守った。

高学年になると、我々の周りでポツリポツリとM学園を辞めていく人が現れた。カリキュラムが息子の知的レベルに見合わない学習に空しさを覚えるにつけ、見学もしないできてしまった地元の養護学校の教育内容はどのようなものなのだろうと思い巡らすようになった。

息子が五年生の終りころ、思い切って都立N養護学校を見学してみた。教科内容などの詳しい説明を受けて、息子の知的レベルには養護学校の教育がぴったりではないかと確信した。

しかし、M学園では、プログラムのほとんどが中学進学に向けての準備一色で、レールを外れることは困難だった。

息子は、六年生の一年間で身長が十センチも伸び、私の背をはるかに追い越した。

罪悪感がない！

M学園中学部へ進学して間もないころ、息子は、和室の天井板を傷つけるというとんでもない遊びを思いついてしまう。こちらは天井など見ながら暮らしていないので、壊されていることにもしばらくは気づいていなかった。

ある日の事、窓枠に乗って天井を押している息子を発見する。何をしているのだろうと見ていると、ベキッと音がして天井板に罅が走り、天井裏の方へわずかにへこんだ。

「何をするの！」と叫び、してはいけないと注意して、もしやと思って点検すると、その和室の天井の他の三隅はすでに壊されていた。

ショックのあまり身が震えた。何としてもくい止めなければならないと思い、伝えられる方法、すべてを動員して注意した。

注意しながら情けなくて涙が溢れた。すると、私を見つめていた彼のまなこが一瞬動いたように見えたので、即座に〈心に響くかもしれない〉と期待してさらに泣いて見せた。しかし彼は笑った。私の泣く顔が面白かったようだった。

天井板を壊すことがどんなに悪いことかと、頭から湯気が立つほど注意しても、彼に罪悪感は見られない。このままいくと、家を壊されてしまうかもしれない、と思った。もう家で育てることは無理かもしれないと思い、真剣に入所施設を当たってみたが、どこも狭き門で、入所申請をしても、順番が来るまで何年も待たなければならないことを思い知らされただけだった。

思い余って学校にも相談した。

「正座をさせる。体力発散に努め、暇な時間を与えない」などのアドバイスを忠実に守り、夜のマラソンにも励んだ。しかし、いずれも功を奏することはなく、もう一つの和室の天井板は、いつの間にか壊されていた。こうしてこの大騒動は、取り敢えず終息した。

ジグソーパズル

学校では、一応クラブ活動があり、彼は絵画クラブに配属されていた。彼の絵は、パターン化されてはいたが、迷いのない一筆書きの細かい描写で、独特の味わいがあった。クラブの講師が、息子に切り絵を教えてくれた。黒い紙を見本通りにカッターナイフで切りぬいていくのだが、細かい作業に苛々することもなく、淡々と取り組んだ。中二の文化祭には、大作二点が展示された。

余談だが、この頃自閉症の青年の切り絵作家が現れていて、好評を博していた。浅はかな母は、切り絵作家の道はどうだろうと、またもや夢を描いた。しかし冷静に考えてみると、彼は見本通りに切り抜くだけで原画が描けない。何より彼は飽きるだろうと思い至って、二度目の夢も潰えたのだった。

家庭内にあっては、天井板壊しへの恐れから、時間をつぶせるものを探していたが、思いついてジグソーパズルをさせてみた。すぐに嵌って夢中になって取り組んだ。絵柄もだんだん絵画的になっていって、額装して壁に飾ったりもした。

しかしある日のこと、新しく購入しておいたものをさせようとピースをばらすために逆さにしたが、ピースが落ちてこない。不思議に思ってよく見ると、糊で固めてあった。

「アキマシタ」という意思表示なのだと納得した。

都立N養護学校へ

M学園の高等部には行かないと決めていたので、中学部進学時の失敗を踏まえて、中二から行動を開始した。居住区の教育委員会に相談し、転入という形で中学三年からN養護学校中等部に移ることになった。

養護学校は、一つの敷地内に小学校、中学校、高等学校があるのだが、それぞれの教育内容は独自であるように見受けられた。

後から振り返って見ると、大集団の高等部にいきなり入るより、中等部の、のどかな、こぢんまりした集団に入ったことは、M学園の、互いに干渉し合わない自閉症児だけの環境から移行するには最適だったかと思う。

生徒五、六人のクラスに、息子は温かく迎え入れられた。三人の担当教師の対応はきめ細かく、なにより学期毎の目標設定が生徒一人ひとりの能力に応じていて、分かりやすかった。

一学期の通信表の、詳細な記録に感激したのは勿論だが、その後の夏休みの充実ぶりは驚くほどだった。

転入と同時に入れていただいた地域の水泳教室で、すぐに泳げるようになったこと。作業所が催してくれる短期集中実習にも参加し、ＹＭＣＡや、朝日新聞社主催のサマーキャンプにも参加した。

学校からは、一人で時間を過ごせるよう、雑巾縫いや簡単な刺繍の宿題が出されたので、それに取り組んでくれている間、六人家族の主婦である私は、家事に集中することができた。

さらに、息子が手先の器用なことを見込んで、担任の一人が夏休み中の学校に出向いてくれて、息子と私に機織りを教えてくれた。機織りは彼の気質に合い、あの、難業ともいえる経糸の成型を、癇癪を起すこともなく一つの間違いもなくやり遂げた。

機織りは、二学期からのクラブ活動として続き、後に「さをり織り」へと発展していった。

優しい目

転校後の生活で私が最も驚いたのは、宿泊や校外活動の際、息子が少し足の不自由なクラスメイトと組まされたことだった。その少年との相性が良かったのだろうか、息子は穏やかにその少年の手を引いて歩いた。事後報告でのビデオでその姿を見たときは、他者とのかかわりが乏しく、勝手に走り回る彼からは想像のできないもので、胸が熱くなったものだった。

いろいろな場所へ出入りするようになって、かかわってくださる方々から、「優しい目をしたKちゃん」とコメントされるのは嬉しいことだった。

この頃には、理解できる文字も増えていたので、リングでとめる方式の単語カードに、「はい」「いいえ」「トイレ」「びょうき」「水」「忘れました」などなど、息子が最低必要とするであろう要求語を書いたものを持たせ、それを先生に示すように教えた。言葉はなくても、他者と意志の疎通が少しでも図れるよう願った。

プライベートでも、同時に音声で言うことを忘れないようには注意したが、文字でのやり取りがスムーズになっていた。彼にはっきりした意志のあることを確信した後は、何かするとき、まずは彼の意向を尊重した。何かを選択するとき、彼の決断は早く、揺るぎなかった。

思春期まっただ中で難しくなっていた娘たちにパスされて、家族旅行は夫と私と息子の三人で行くことが多くなった。身の回りのことはひととおりできていたし、穏やかで、問題を起こすこともなく、不平不満も言わず、天真爛漫な息子とでなければ味わえない楽しさだったと思う。

一所懸命家族のまねをしようとしてしきれない彼の振る舞いは愛らしく、ユーモラスで、ある日の登校前に、彼がすまして五分刈りの頭にドライヤーを当てていたりして、「おおっ」と皆を驚かせたりした。

またある日の夕食時に、テレビにはお笑いタレントのコロッケが出ていた。出演者紹介のため画面に出た〝コロッケ〟の文字に彼はたいそう反応し、「コロッケ、タベル」と冷蔵庫へ走った。

いつの間にか身長は夫をも追い越して、見知らぬ幼児が凝視してしまうほどの、彼のただならなさは隠しようもない。常に連れ立って歩かねばならない母はとうの昔に開き直っていたが、家族それぞれの屈託は想像に難くない。

こちら側の遠慮と、相手方の気遣いで、訪れる人も滅多にない内向きな家庭にならざるを得なかったが、そんな家庭の食卓に彼の愉快なエピソードが笑いをもたらし、賑わせてくれた。それなりに幸せな夕餉だったと思う。
中等部卒業記念誌の親のコメント欄に、私は次のように書いている。

小さいころは大変だったけれど、
お母さんも努力して、
Kも努力したね。
そして心が通い合えた！
今ではお母さんは、時々Kになってみます
そしてこれから、
もっともっと

分かり合えるようになると
　確信します

その後に起こる大波乱など予想もできず、何と楽観的なことを言っていたのかと恥じ入るばかりである。しかし、このときは、ほんとうにそう信じていたのだ。

第三章（十六歳〜二十四歳）

高等部へ

一九九四年四月、高等部へ進学した。

中等部の何倍もの生徒数もさりながら、ハンディキャップの多様性、知的障がいの巾の広さに驚き、コミュニケーション力の弱い息子はやっていけるだろうかと不安を覚えたものだった。

しかしそれは杞憂に過ぎず、高一のDクラスは、調和のとれた優しい雰囲気に溢れていた。三人の担任教師にも恵まれた。

卒業後の就業に向けての実習など、煩雑になっていくスケジュールだったが、息子は、連絡帳やお便り、日誌などの文字を頼りに、一日一日、正確にこなした。家中のカレンダーを管理し、私の手帳にまで目を通して、私の間違いや書きもれを正すのだった。

食品や雑貨の箱の開け方にも厳しく、ずぼらな母が乱暴な開け方をしようものなら、どこからともなく走ってきて、私から取り上げ、表示どおりに正しく開け直した。

今まで、パニックとかこだわりと決めつけ、有無を言わさず屈服させてきたことのほとんどが、彼が意思表示をするようになって、正しいことを言っていたことに気づき、「そうだったのか！」「そうだよね〜」と、目を覚まされることが多くなった。彼の安定を乱すのは、かかわるこちら側のうっかりや、説明不足によることが多かったのだ。

しかし、時間の観念は理解しにくいようで、急ぐということがわからない。

万事ゆっくりで丁寧なため、作品や作業の完成度という点には生かされたが、時間に管理されるスケジュールにはついていけないことが多かったと思う。

高等部では、マラソンに力を入れていた。

健康で、体力のある息子はよく走った。そのため、スポーツ大会などでは選手に選ばれ、期待を一身に集めてしまうのだが、競うことの意味が分からない息子はゆったりと走って勝つことはなく、クラス愛に燃える女子生徒たちの失望を買っていた。

学習では、課題別という、一人ひとりの能力に応じて課題が設定されるものがあって、彼には、時計の読み方とか、金銭など、今現在の息子に必要なことを教えてくれてありがたかった。

音楽は、苦手なように見えた。舞台行事の多かったM学園の経験から、歌っているように口パクをしたり、身体を揺すって乗っているように演技してはいたが、声を出すことはなかった。

ある時、振動なら伝わるのではないかと思い、和太鼓を習わせてみた。しかし耳からの情報が伝わりにくい彼にリズムを取ることは難しかったようで、その後中断したり再開したりしながら長く続けたが、最後までキレのあるリズムを打つことはできなかった。

それでもめげずに、機会があればコンサートにもつれていったが、会場の雰囲気に馴染ませるために用意した菓子や飲み物が終わってしまうと、寝てしまうのだった。

本番と行事前症候群

唯一成長したと思えるのは、学校行事の前の情緒不安定が薄れたことかもしれない。練習を積み重ねて本番に備えるということが理解できない彼らにとって、行事前の練習の日々は、特別な行事に伴うスケジュールの変更や、教師たちが発する緊張感にのみ反応して、情緒不安定に陥るのだった。

経験に学んだ母たちは、彼らにとっては、常にその時々が本番であるらしいことを知っていたし、情緒不安定の原因が何にあるかも察していたので悩ましい問題であったのだ。

高校生になって、行事前の混乱は全くみられなくなった。少しは、先の見通しが立てられるようになったのかもしれなかった。

一人通学

中等部の後半から始まった一人通学は、一進一退の状況だった。学校からバス停まで。バス停から家まで。少し成功するたびに距離を伸ばしてみるが、無事なのは一週間ともたない。間もなくいろいろなところに入り込んで、私や、学校に善意のご注進が入り、また振出しに戻ってやりなおしの繰り返しだった。

いずれも探偵よろしく尾行したが、ひとりと思い込んで歩く息子は楽しそうだった。弾むような足取りで、全身から喜びが溢れていた。どんなにひとりで歩かせてあげたいと思ったかしれない。しかし、彼は好奇心が強すぎた。

美術館・博物館巡り

この頃の彼の楽しみは、パンフレット集めと博物館・美術館巡りだった。駅などに置いてある持ち帰り自由なパンフレットは、彼にとって貴重な社会への情報源だった。

美術館・博物館巡りは、高尚な趣味のように見えるが、目当ては建物であって、展示物に関心は無かった。視覚からの情報を頼りに生きているような彼にとって、入場と共に渡されるパンフレットにある館内見取り図を見ながら、図面と実物の一致を確認できるのは、一種の歓びなのだろうと推測できた。さらにこれらの建物内は、隅から隅まで見て回ってよいのだし、大好きなエレベーターにも、好きなだけ乗れる。

パンフレットの案内図から、地図を読むようにもなっていった。地図に明記してある建物が現実に存在することが、この上ない歓びであったのだろう。

ある日のこと、家にあった『東京の博物館』という雑誌を息子が熱心に見ているので覗き込むと、見学済みの建物に○印がつけられていた。トイレの事情から、（この頃の公衆トイレは、男性用と女性用しかなかったため、異性の障がい児・者を連れて歩く親の困難はトイレだった）、彼の外出のお供を私からバトンタッチされていた夫は、

「全館制覇するつもりか？」

と嘆息した。

キューピーマヨネーズ工場

翌年の一月半ばの事だった。

職場見学という学校行事で、仙川にあるキューピーマヨネーズ工場を見学した。解散地である新宿西口交番前で迎えた時の、息子の喜びにはちきれんばかりの笑顔を忘れない。

帰宅すると、お土産にもらった小さなマヨネーズと、小さなキューピーさんを見せて、資料を指さし、身振り手振りで感動を伝えてくれた。視覚で生きているような息子にとって、身近に使っていた食品が製造されていく工程は、どれほど分かりやすかったことだろうと想像できた。

彼の最大の関心ごとが、単なる入れ物である建物から、物が造り出される工場に移った日だった。

高二になって、担任とクラスメイトが変わった。

工場見学に目覚めて後、彼の日常のほとんどは、パンフレットなどからの情報集めに費やされているようだった。

この時代は、商品のどこかに必ず製作所や会社名と住所が銘記されていて、彼の視線はいつもそこに注がれていたのに、私はしばらくその行為に気付けなかった。

我々は、日常、実にたくさんの情報に囲まれていて、その情報を同時に適当にキャッチしているが、彼は、一つの事のみに集中しているわけだから、知りたい情報は確実にものにする。

二学期に入ってまもなくのころ、調子が良いため、一人で帰宅予定となっていた息子が、学校の近くにあったS会社に侵入するという事件を起こした。駆けつけてくれた担任ともども深く謝罪したのは当然だが、なぜこの会社なのかと思って調べると、夏休みにT作業所で実習をした時に扱った洗濯用ハンガーやピンチを作っている会社であることが分かった。製品を収納する袋にあった住所を覚えていて、通学途上にあることを地図で発見し訪ねて行ったというわけだった。

こういった行為が、この先大変なことにつながるなどとは露知らず、私は、パンフレットが欲しいのだろうと息子の思いに理解を示して、再度会社に伺い、事情を説明して会社案内の冊子をいただいて帰った。息子の喜びは大変なものであり、それで満足したようで二度とその会社に行くことは無かった。

その後私は、ひとりで行かれるのを防ぐために、週末や余暇には〝見学可〟の工場を探しては連れて行った。

週末の工場巡りで、息子が交通事情に詳しいことを知る。本人が「シッテイルヨ」と表明しないため、いつまでも私が連れて行っていると思い込んでいたが、乗り換え線などを教えられることがいくどもあって、もしかして私が連れていってもらっていたのかもしれないと気づいて、複雑な思いだった。

時は前後するが、六月の職場見学や、それに続く二泊三日の聖山（ひじりやま）合宿も問題なくこなし、どちらの場合も集合解散をひとりで行えており、順調で、その後に訪れる息子の変化の予兆にはまったく気付けなかった。

他害出現

三学期が始まって間もないころだった。

ＰＴＡの仕事で学校にいた私に、担任から呼び出しがきた。何事かと駆けつけると、更衣室で、息子が他のクラスの生徒の手首を摑んで興奮していた。顔を歪め、眼を釣らせた、初めて見る息子の姿だった。競うこと、闘うことが分からず、体育での相撲大会でも投げられてばかりだった息子が、なんと他人を攻撃している！

私の出現によって、息子はハッと我に返り、その場は収まったが、信じがたいありさまを見て、私は混乱し、息子が加害者であることに打ちひしがれた。

その夜、帰宅した夫に一部始終を話した。しばしのあと、

「学んだのだろう」

と、夫は言った。

家庭内では見たことがなかったせいもあるが、確かにその攻撃の形は、殴るとか蹴るとかいうのではなく、相手の手首を摑んで押しやるという、防御から発展したもののように見えた。

しかし、そんな分析など何になろう。高三になると、同級生への攻撃は度々現れた。そして、ひとりの教師から、家庭で息子に暴力を振るっていないかと

問われたのだ。思ってもみなかった問いに驚き、即座に否定したが、息子が他者に迷惑をかける存在になってしまったことは弁明のしようがない、動かし難い事実だった。

私はただ謝ることしかできない母になった。そしてこれまで、他人事として見聞きしてきた、小さいころから他害を持つ自閉症者の母の苦しみを、初めて理解した。

変身

遅く訪れた思春期でもあった。

普通の男子にも訪れる心身の不協和音が、息子の場合は、統御不能に陥ったようだった。攻撃の他にも、退行といえるような行動が現れた。元々ゆっくりだった動作はさらに緩慢になり、行為の途中のしぐさのまま固まってしまったり、手洗いやうがいをし続けるなど、脅迫神経症様の行動が強くなっていった。

　専門家の力を借りるしかないと判断して、精神科のOクリニックを訪ねた。そうして、精神安定剤を服用しながらの生活が始まった。

　しかし薬の効果は思ったほどのものではなく、朝、着替えの途中で動作が止まってしまった息子に、夫と二人がかりで服を着せるのも度々で、それまでの生活は一変した。硬く険しい表情で、ぐずぐずと執念深く、いつ感情が爆発するか分からないので、気の休まる暇がなかった。

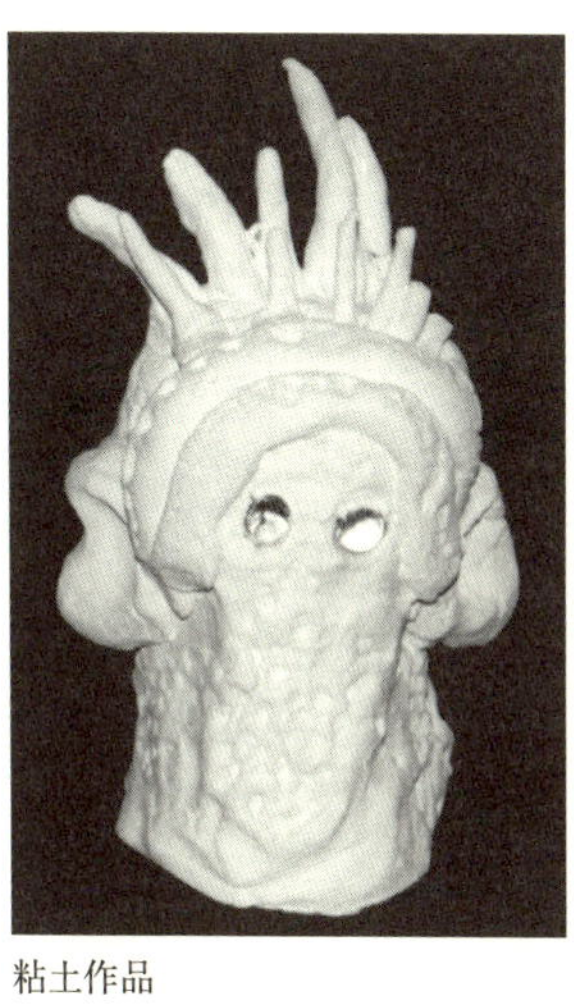

粘土作品

　担任の話によると、興奮する条件は決まっているようで、「早く」とせかされたりや、否定的な言葉をかけられた時と、威圧的な雰囲気を漂わせる人に反応するようだという。

家にあっては、いつもそばにいて、あれこれ指図する母である私が一番の標的になった。夜、穏やかに寝たので、翌朝、安心して起こしにいくと、目を覚ました途端に手首を摑まれて悲惨なことになった。まったく理解不能だった。以前の、ちょっとユーモラスで、明るく晴れやかな息子は何処にもいない。しかし、どんなに扱いにくく不可解な人間に変わってしまっても、息子は息子であって親は逃げることはできない。

思春期と性

思春期に、性の問題を避けて通ることはできない。腹ばいになって性器を押しつけている息子の姿を目撃したのもこの頃だった。

この問題は、親の会などで先輩たちから体験談などを伺っていたので、ついにその時が来たのだなと思い、落ち着け落ち着けと自分を制した。しばしの思案の後、「トイレと自分の布団の中でしてね」と言い聞かせると、なんとか伝わったようだった。

不思議だったのは、このことで私は叱ったりしたことは一度もないのだが、彼が最初から私の目を避けようとしたことだった。もし彼の中に、このような行為が隠すべきこととして意識されているのだとすれば、幸運だったとしかいいようがない。

関連することとして、異性の問題があるだろう。

高三にもなると、彼の周囲でも微笑ましい男女間の噂話が持ち上がるようになった。息子もそんな話題に入れていただくこともあったが、私には、彼に異性への関心があるようにはどうしても見えなかった。

ある時、母仲間でのおしゃべりの中で、私がそのことを話すと、

「異性への関心がない人間などいないでしょう」と言下に否定された。

それ以来、口には出さないようにしながら、なおも注意深く息子を観察したが、その後も、彼が生身の女性に対して性的関心を示すのを見たことはなかった。保護者としては、背負う問題の一つを回避できたといえた。

H作業所

不調な日々もどうにか過ぎて、五月の連休明けのこと。卒業後の進路に向けて進路担当の教師との面談が設けられた。生徒一人ひとりの評価に基づいて話し合われ、息子の場合、居住区域の区立の福祉作業所のほかに、民間のH作業所への選択肢を勧められた。

六月某日、息子と二人、体験を兼ねてH作業所へ見学に行った。

H作業所は、某会社の末端作業であるパレット（木製の荷台）の解体を請け負い、自閉傾向のある知的障がい者の作業所として運営されていた。

そこは、室内での単純な手作業がほとんどの、一般の福祉作業所という概念を超えたところだった。

広い敷地に並べられたパレットの、一台につき作業生を一人つかせ、バールなどで解体に取り組ませていた。

所長から簡単な説明を受けた後、私たち親子もいきなり解体作業につかされた。しかし、やってみると、分かりやすくて、成果が一目瞭然であり、それなりに達成感のある作業だった。

不思議な静けさだった。時折どこかの場所から奇声が上がったり、どこかの場所で作業生がぴょんぴょん跳ねたりしているが、誰も気に止めない。

戸外での作業は四季を問わずで、雨や雪の日は、長靴、雨合羽を着用して作業にあたると伺った。

どこかでこの作業所にひかれながらも、余りに斬新すぎて、この時点では、担当教師が息子にこの作業所を勧めてくれた真意に気づくことができず、手先が器用なのだし、運営が民間より安定しているからという理由だけで、区立の作業所を志望したのだった。

嵐のち雨のち時々晴れ

この頃、息子の状態は、おおむね不調ではあったが、常時パニックを起こしているわけではなく、暗雲の間隙をぬって、すっきりと晴れ渡る青空のように好調な日もあった。

はらはらしながら送り出した三泊四日の北海道修学旅行。羽田に出迎えて、担任から、問題はなかったと報告を受けたときは、安堵の思いに包まれた。

四日離れていたせいか、私に情愛のようなものを示し、モノレールの中では、自分の好きな言葉を私に何度も言わせ、耳を寄せて聞いては満足そうだった。自らも、旅の資料を見せて、身振り手振りで〝楽しかった〟と伝えてくれた。

　秋の体育祭では、男子演技のハイライトであるピラミッドタワーで、要となる位置の土台役を立派に務めた。長い時間、揺らぐことなく踏ん張った息子にも驚いたが、不安定な時期の息子をよくぞ起用してくれたものだと、担当教師の胆力に頭が下がったものだった。

　徒競走でも、今までは、人を追い抜けず真ん中あたりを走っていたのが、なんと、一位で走りこんできたし、競技プログラム最後の一〇〇〇メートル走では八位に入り、全校生徒の前で表彰された。

　苦しい時期だっただけにその喜びは得難く、夫と二人、幸せに浸った。

T福祉作業所へ

ともあれ、一九九七年三月、高等部を卒業し、四月、多くの問題を堆積したまま、区立T作業所に入所した。

自宅から徒歩十分、電車約十分、歩いて五分の、ひとり通所が始まった。これまでもそうだったが、今回も入所一か月ほどは新しい生活を意欲的に楽しんでいるようすだった。

作業は、丁寧すぎて効率は悪いが、細かい作業に慣れている息子には問題はなかった。

帰りの電車では、しっかり各駅電車であることを確認して間違えることなく帰宅した。

五月には、初めての工賃をいただいた。思ったより多額だったことに驚き、感激したものだった。働く意味を理解してほしいと願い、彼が欲しがっていた目覚まし時計を、工賃袋から直接お金を出して買ってみせた。

今までもそうしてきたように、ときどき息子の後を尾行した。家から駅までの道すがら、表を掃いていたご婦人が、息子に声をかけてくれていて、息子が、「イッテキマス」と手を振って応えている場面を目にした。そして息子は、目ざとく私をみつけると、

「シリアイナンダ」というようにゼスチャーで教えてくれた。

強がって生きている者は、優しさに弱い。

婦人に礼を言いながら、嬉し涙にくれた。

暴れまくる

しかしそんな無事な日は長くは続かなかった。

高等学校の時のように、善意の世話焼きタイプの女性同僚の手首を摑んだのを皮切りに、狭いロッカールームで小競り合いを起こした。さらに困ったことに、職員以外入ってはいけない事務室に入りこんでしまったのだ。

職員の話では、机のひきだしを開けて何か書類を探しているようだったとのこと。職員には到底言えることではなかったが、私には思い当たる節があった。小さいころ、家族旅行などで旅館やホテルに泊まると、部屋に着いてまっさきにするのは館内の探索だった。初めのころは理解できず、走り回って困ったものだと、息子の後を怒りながら追いかけるだけだったが、そのあとで息子が建物内の場所をよく知っていることに気づかされ、言語やコミュニケーションで情報を得られない息子が、彼の方法で場所の在りかを確認して気持ちの安定を図っていたのだと納得するようになっていった。ゆえに、文字が少し解るようになって、書類に関心が向くようになるのは必然な成り行きだったといえた。

だからこの時も、何か知りたい情報があるのだろうと察しはついたが、社会通念上、作業生が事務室のひきだしを開けて書類を見ようとするなど、許されるものではない。作業所側では、入れないように対策を講じたし、私も入ってはいけないのだと、強く言い含めた。

これが原因かどうかは分からないが、息子は荒れて暴れたり、さめざめと泣いたりすることが増えた。

この年の秋に催された作業所祭りで、危険だからという配慮から普段は上がれない屋上を息子と探索した時に、この屋上という未知の部分の設計図を見たかったらしいことが分かったが、勿論、どうすることもできない。

登所時、確信犯で急行に乗って遠くまで行ってしまうことがあった。そこで思い切って電車をやめ、徒歩で通うことにした。私にとっては、片道一時間、一日四時間の送迎となったが、季節ごとの景色や風を感じて歩くのは気持ちの良いものだった。

作業所で安定して過ごせるように、家ではさまざまに配慮を講じたが、彼の精神状態はめまぐるしく変動し、その理由を知ることはできないのだった。

罪悪感の欠如に途方にくれる

年が明けて一月。家で冷蔵庫のドアを限界まで押し開けて壊そうとした。見たこともない驚愕の仕業に、どう考えてよいのかわからなかったその翌日、今度は作業所で名札をいくつか折った。指導員の報告によれば、作業中に急に立ち上がっての突然の行動で、原因は思い当たらないとのことだった。

そのあとも、作業所でいくつも物を壊した。いずれも衝動的で防げないということだった。

作業所では、作業をさせないで壁を向いて立っている罰を試みてくれた。家でも、興奮抑制剤を余分に服用させたり、夕食を抜く罰を実行したりした。

「物を壊したので夕飯はありません」と告げると、

「アッ　ソウ」といった感じで淡々と受け止める。翌朝、親の思惑に反して、空腹でつらいといった様子が見られない。懲罰の役割をまったく果たしていないことに、暗澹とした。

悪いことをしたとは分かっているのか、壊した後に頭をペコペコ下げて謝るのだが、またすぐに壊してしまうのだった。

H作業所で修行する

苦しかった。作業所への申し訳なさで、心が押しつぶされそうだった。そんな時思い出されたのが、以前見学したことのあるH作業所だった。

藁にもすがる思いで訪ねたH作業所で、所長に、息子の行状と私の苦しい立場を打ち明けた。

所長は少しも驚かず愉快そうに笑った。

後で知ることになるのだが、ここの作業生のほとんどが、最初に入った職場でつまずいた人たちで、様々な点でH作業所だけを頼みとしていた。当然、入所を希望する人たちが、入れずに順番を待っているのだった。

「入所はできませんが、三週間の実習ということなら受けましょう」との許可を得て、翌日から、パレットの解体に取り組むことになった。息子には、何故このようになったのかを説明したが、どれほど理解したかどうか心許なかった。

第一日目、息子は朝から、その場で一番力を持つ者と認識した所長をチラチラと意識していたが、午後、所長の手首を掴むと挑みかかっていった。とびだそうとする私を制して、所長は無言のまま難無く息子を組み伏せた。一、二分そうしているうちに、息子は大きく息を吐くと、急に抵抗を止め、スゴスゴと仕事に戻った。そしてその後、二度と所長に歯向かうことは無かった。

相手を傷つけない、感情を昂ぶらせない組み伏せ方に感心するとともに、あっさりと息子を屈服させてくれたことに感謝しながら、息子の中に暴力的な方法で力関係を試そうとする知恵があることを知り、なんだか悲しかった。

初日は、作業場の周りでウロウロしていた私だったが、所長に帰るように促され、翌日からすっかり預けることになった。

息子と同じ、独特な雰囲気を纏った作業生同士には、トラブルが発生することは少なく、物品の損壊の心配もない。息子を預けながら、何の心配もしなくてよいという安穏！　誠に得難い三週間だった。

息子の心中はどうであったか察することはできないが、昼間の肉体労働で、感情の爆発もほとんどなく、夜はぐっすり眠り、精神安定剤など必要ないのだった。日焼けして、体重も減り、身体は引き締まった。

この作業所に入れていただきたいと、どれほど願った事だろう。約束の日が近づき、無理を承知で懇願したが入所は叶わない。

コミュニケーション能力に不具合があっても、健康な肉体をもっている自閉症者の、性のエネルギーが何歳くらいで落ちつくのか分からないが、思春期からその時期までやり過ごせるH作業所のような施設が、もっと各所にたくさんあったら良いのにと願わずにはいられなかった。

約束の三週間が終わり、トボトボとH作業所を後にした。

その後T作業所に復帰したが、瞬く間に元に戻った。そして矢継ぎ早に物品を壊した時点で、再び作業所には出せなくなった。

ファシリテイテッドコミュニケーション

どうすることもできず、家に置くしかなかった。

時間に追われない生活に身を置いて、息子とじっくり向き合い、物を壊してはいけないこと、人の手首を摑んではいけないことを、諄々と諭した。しかし、私の切実な思いは彼には届いていないようにみえた。家にいる状況をどう捉えているのか、家事をしながら、何が可笑しいのかケラケラと笑っている息子を見ていると、全身の力が抜けてしまうのだった。

この時ほど、心の内を言葉でやり取りできないもどかしさを感じたことはなかった。ここまで息子と接してきて、彼らが最も理解できない言葉が、〈何〉〈何故〉〈何処〉〈こっち〉〈あっち〉〈誰〉〈どうしたら、どうしたいの、どうして〉といったものであることに気付いていたし、私が彼に教え、彼が書けるようになった文字はわずかで、物の名前だけであったのだから、「どうして物を壊すの?」「どうして人の手を摑むの?」という私の質問に、彼が応えられるわけはないのだった。

この時ふと思い出したのが、ＦＣ（Facilitated Communication）だった。

ＦＣとは、言葉のない障がい児に鉛筆を持たせ、その手の甲に、信頼関係にある指導者や母親が自分の手を触れると、文字どころか文章を書きだすといった不思議な現象のことで、息子が小学四年のころに話題になり、息子の周辺でも実例者が現れていた。書かれる内容と、軽度とは言えない障がい児の見た目とのギャップが大きすぎたし、聞けば漢字仮名交じり文だとのことで、文字の練習もしていないのに何故書けるのかという疑問があって、私は信じることができなかった。

自閉症児・者は、不思議な能力を秘めているという風聞があることは知っていたが、私は、息子に関して過大な期待をしないよう、見たままの評価をしようと心がけてきた。

けれども、息子の胸の内を知るにはＦＣしかないと思い定めて、夫に意見を求めてみると、「触られていると安心するんじゃないか」と言う。

突き詰めて考えているうちに、息子の小学生時代に仲良しだったY君のことを思い出した。Y君は、自閉症の中でも知的能力の高い、それもサヴァン症候群に属していた。いろいろな能力があったが、なかでも、当てずっぽうに年月日を言って曜日を聞くと、さして考えるふうでもなく、三秒位で正答を出した。これを不思議と言わないで何というだろうか。けれども、もし、Y君のこの能力を伝え聞いただけであったら私は信じたであろうかと自問した。そしてさらに、サヴァンの子たちには到底及ばないが、息子が絵を描いた時も、プラモデルを始めた時も、仲間の母たちは信じていないようであった事を思い出し、同じことではないかと気付いた。本当にできるのかも知れないと思い返し、実行してみた。

「なぜ物をこわすのですか？」と書いた紙を見せて、さらに読み上げ、鉛筆を

持たせた彼の手の上に私の手をのせ「Kくん、書いてください」と言って待った。しかし息子は、

「ハ？ ナニ？」といった目で私を見ると、笑い出した。

めげずに何度か挑戦したが、息子は文章を書かなかった。

地道な努力を続ける忍耐に欠ける私は、結局諦めてしまうのだが、彼が書かなかったのは、私の中に潜んでいた半信半疑の思いを彼が見抜いたか、もしくは私が息子の信頼を得られていなかったのかもしれないと思ったりもした。

徹底的に家事をさせ、体力発散に努めたが、家で抱えきれるものではない。実習をさせてもらったことのある私設の作業所に親子で通わせてもらったりもしたが、所詮本来の居場所ではない。籍のある場所に戻るべきと諭され、結局T作業所に戻るのだが、居るべき場所が定まらなかった約三か月、最も苦しい時期だった。

再びT作業所へ

再びT作業所に戻って間もなく、作業所の統括責任者から呼び出しを受け、辞めていただきたいと言われてしまう。

ただ途方に暮れていた私だったが、思わぬ救いの手がさし伸べられた。T作業所の指導員の方が、

「私たちはKくんに辞めてほしいなどとは思っていないから」と、辞めないように励ましてくれたのだった。現場で、息子にどれだけ手を焼かされているであろうかと思うのに、その現場の指導員から、思いもよらない援護を得た私は、勇気百倍、必死に神経を太くして通い続けた。

不思議なことに、その後も息子は時々問題を起こしていたが、二度と辞めてほしいとは言われなかった。

最初の勧告に従い辞めていたら、行く当てもなく、どうしていただろうかと思うと、言葉をかけてくれた方に感謝してもしきれない思いでいっぱいだった。

青年のマナー

息子は二十歳になった。翌年一月には、散々迷惑を掛けている作業所で、同期の二名と共に温かく盛大な成人式を祝っていただいた。その後、関連施設などで計五回ほど成人を祝っていただいたが、修羅場を潜りつつある母としては、面映ゆさと共に、この人たちの成人は祝うべきものなのだろうかと、複雑な心境だった。感慨として一つだけ確かなのは、息子が小さいころは、漠然と、だんだん楽になるような思い込みがあったが、それはとんでもない間違いで、難しさは形を変えてずっと続くのだなァというものであった。

母である私は、性の違う息子に成人男性に必要な振る舞いを教え忘れてしまうことが間々あった。数え上げればきりがないが、しまった！　と焦ったことがいくつかある。

ある日、迎えに行った作業所で指導員と立ち話をしていた時の事だった。息子が何処からか走ってきて私に何事かを訴えた。その様子から、彼が身体のどこかをぶつけるかして痛めたので、私におまじないをしてもらいにきたことがすぐに分かった。おまじないは、痛いところをさすりながら、〝チチンプイプイ、痛いの痛いの遠くの山へ飛んで行け〜〟というもので、確かに息子が小さいころから使ってきたものではあったが、まさか二十歳の息子に要求されるとは思いもよらず一瞬ためらったが、おまじないをしなくては収まらないことも分かっているので息子の耳のそばで小さい声で言った。指導員は忍び笑いし、息子は、いつもと違うと言った様子で怪訝な顔をしていたが、何とかその場は凌げた。家に帰って、早速文字で、「お兄さん　赤ちゃん」と書いて、Ｋくんはお兄さんだから、おまじないはしないのだと教えた。あっさり了解してくれて、その後二度と要求することはなかった。

人ごみでの、人、特に女性との距離の取り方も注意しなければならない。女性のすぐ後ろで、体格の良い若者が鼻息荒く（息子は鼻息が荒かった）いれば、女性は身の危険を感じるだろうと気付いて後、エスカレーターは一段開けて乗ること、狭い場所では壁の方を向いて立つことを教えた。

工場命

二十歳になったことも、居場所を求めて彷徨ったことも知ってか知らずか、息子は興味の赴くまま楽しいこと探しに余念がない。豊富に配られるチラシやパンフレットを集めまくり、それらから、かなりの情報を把握していた。生活圏内の、企業や商店の改築、開業日、新商品の発売日、等々。

最初は何を求めているのか分からなかったが、付いて歩いていて、なるほどと目の付け所を認めざるを得なかった。週末は夫と交代で彼の探索に付き合った。目的が果たされることもあれば、長い時間歩いた末、不首尾に終わることもあった。そんな時は、徒労に終わって怒りまくる私とおどおどする息子、二人汗だくで帰宅するのだった。

とんかつさぼてん

そんな中で、思い出深いのが〈とんかつさぼてん〉探しである。ある週末、今日は何処へ行くのかと尋ねると、紙に田園調布・〇ノ〇番地と書いた。田園調布に工場などあるだろうかと訝りながらも付き合ったのだが、やはりその番地には豪邸があるばかりで工場などない。息子の情報の不備をなじりながらも、息子の書いた番地の表札をよくよく見ると、住所・氏名の横に、グリーンコーポレーションと、経営会社名が銘記してあった。その会社は、我が家でも時々利用しているとんかつ屋をチェーンで経営している会社だった。息子が手に入れたチラシには、経営責任者である社長宅の住所が載っていたというわけだった。面白いことに、その外観からここに工場はないと察したらしく、さみしそうではあったが、自分の中で決着をつけられたようだった。

ファンシーライト

もう一つ、ファンシーライト探しも忘れ難い。

ある週末、息子と私は杉並区・清水地区を歩き回っていた。出がけに彼が書いたメモには、〈清水一ノ〇×番地〉とある。しかしいくら歩いても、落ち着いた家並みが続くだけで会社のようなものは見当たらない。その日は諦めさせて帰宅したが、彼は諦めず、次の週末も、その次の週末も同じ地域を歩いた。

何かを探しているのは明らかなので、何を探しているのか書かせてみると、〈鹿〉と書いた。これでは何のことかさっぱり分からない。何度目かの時に、今度は〈ＰＩＡＮＯ〉と書いた。この乏しい情報から、私が彼の探し物に辿り着くには相応の時間を要した。それは、彼が小さいころ家人が何かの引き出物でいただいた、グランドピアノ型のおもちゃのピアノで、上に球形のライトがついていて、鍵盤を押すとメロディーと共に灯りがつき、音程によってライトが七色に変わる物であった、彼が気に入っていたのだが、ある時、何か事情は忘れたが、ひどく破損してしまったため、私が捨ててしまったのだった。

お気に入りのグランドピアノ型ファンシーライト

そうだったのかと納得して、息子とのや

り取りの為に仮の名称をつけた「ファンシーライト」を探すことになった。デパートは勿論、漆塗りであったことを思い出し、漆器の会社にも問い合わせたが、見つからない。

そんな時、インターネットを検索していた娘が、ネットオークション上でこの製品を見つけるのである。

早速購入し、裏を返してみると、〈福井県清水一の〇×　鹿〇漆器株式会社〉とあった。福井県の清水であって、鹿は会社名の最初の文字であったというわけなのだった。

息子に断りなく捨ててしまってすまなかったとの思いから、懲りない母は漆器会社の社長あてに委細を記し、工場見学をさせてもらえないかと手紙を出した。社長氏は感動し快諾。家族で出かけたその地で、私たちは思いもよらぬ歓待を受けた。そして帰りがけには、ファンシーライトを三つも土産にいただいたのだった。

独りで歩く

二十一歳になって、息子は私を避けるようになった。ひとりで歩くと強く主張し、私の迎えを拒否した。成人男子としては正常なことであると尊重しつつ、そうもいかず、なるべく離れて歩くようにした。しかしその結果、逃げられてしまうことが頻発した。そこでＧＰＳの端末を持たせ、夫と私の携帯から息子の位置を検索できるようにしたが、彼の動きは早く、捕まえるのは容易ではなかった。そして徐々に、作業所からも抜け出すようになっていった。

無賃乗車をしてしまうことについて、回数券を持たせた方が良いかどうか指導員に相談すると、持たせたりしないで捕まった方が良いのではないかとアドバイスを受け、なるほどと納得したのだった。

息子の興味の対象は次々と移り変わり、止むことがない。

マクドナルド

大好きなマクドナルドを利用するたびに、あるだけのチラシを集めまくっていて、彼がハンバーグのビーフパテを造る工場を探していることは察していた。しかしチラシにはその情報は載っていなかったので、私は内心ほっとしていた。

ある夜、夕食の片づけをしていると電話が鳴り、

「新宿警察です」と言う。

いつの間にか家を抜け出して、西新宿のマクドナルド本社に忍び込み、警察に通報されたのだ。余りの事に、引き取りに行って、しばらく震えが止まらなかった。

母がそんな思いをしていることなどお構いなく、彼はしっかり情報を得たよ

うで、それから間もなく作業所から抜け出して、千葉の郊外にあるマクドナルドの工場へ忍び込んだ。そして最終的に行き着いたのが、屠殺場に隣接する食肉工場だった。

彼の、興味がどこまで進んでいくのか心底怯えたが、納得するまでやめないことはわかっていたので一緒に付き合った。しかし、何故かここまできて、「モウイイ」というように探求を止めた。終わったことに安堵しながら、何を納得したのだろうという思いはいつまでも残った。

この事件では、息子が社会的犯罪者すれすれの状況にあることを強烈に自覚せざるをえなかった。

彼に意志のあることが分かって嬉しく、彼の意向をつぎつぎに叶えてきてしまった結果なのだが、余暇を自宅で過ごせるよういろいろなことを試み努力はしてきた。プール。機織り。絵画や和太鼓。スペシャルオリンピックス催行のバスケット教室やマラソン等々。しかしいずれも彼の好奇心を満たすに至らなかった。

人生は、楽しいことばかりじゃないんだよ

この頃のT作業所の所長であったY氏は、息子を興味を持って受け入れ、奇矯な息子の行動を理解しようと努めてくれていた。

息子の逃走を悩んで相談していたとき、ボソリと独り言めいて「一般の人間だって、楽しいことばかりじゃないよ」と言った。

本当に、その通りなのだ。

また別の日のある時、「どうして何の予兆もなく急に怒り出すのかねえ」とY氏に言われて、その頃自分なりに憶測していたことがあって、息子の記憶の在り様が、過去、現在というような区切りがなく、一枚のフィルムのようにつ

ながっていて、過去の怒りの場面がフラッシュバックしてくるのではないかというようなことを言ったところ、Y氏は、

「それなら、こちらではどうすることもできないねえ」と言った。

本当にその通りで、どちらの意見も、障がい者を預かる側としての意見として的を射ており、深く胸にしみた。

息子の行動の強さに負けて、引きずられるように言い成りになってきたことを深く反省したが、ここまで来てしまって修正することは難しかった。

「Kくん、週日はお仕事をして、週末お父さんやお母さんと一緒に見学しよう。ひとりで工場に行ってはいけない」と、厳しく言い含めたが、独りで歩く自由を経験してしまった彼は全く聞き入れない。

この時期に、息子の通うT作業所の近くにあった卓球所で、スペシャルオリンピックス主催の知的障がい者向け卓球教室が週に一度開かれていたので、こ

れ幸いと申込み、作業所終業後に参加させていた。

ある日の練習日、一緒に卓球所へ向かう途中で息子を見失ってしまった。卓球所へいってみたが来ていない。事情を説明して、最寄の駅で一時間待ったが、杳として息子は現れない。その時、通りかかった作業所の職員が、自宅のある駅の近くで息子をみかけたと教えてくれた。怒りと安堵相半ばして帰宅してみると、ちゃっかり帰宅していてくつろいでいる。コンビニの袋を持っているので中を見ると、彼が日頃愛用している歯磨き粉とレシートが入っていた。

何かの時のためにと、常時千円札一枚を入れてある彼の財布を確かめると、「まぐろ市場」という店の領収書が入っていた。まぐろ丼を食べたのかと問いただすと、悪びれる様子もなくうなずいた。

翌日その店に行って礼を言いながら、迷惑をかけなかったかとうかがうと、別に問題はありませんでしたとのこと。普通の若者たちに交じってまぐろ丼を食べている息子の姿が彷彿とし、私が勝手に空回りをしているのだろうかと一瞬混乱したが、無事だったのはたまただったのだと首を振ったのだった。

その後も、息子は作業所や家からたびたび抜け出した。彼が追っている対象に常に注意を払っていなければならなかった。

私や作業所職員の目のかわし方の巧みさもさることながら、息子を捜しにいきながら私がいつも思うのは、あの大きな身体でめだつ存在の者が、何故いくつもの改札をすり抜けられるのだろうということだった。

逃げては、ＧＰＳで検索されて連れ戻されるを繰り返していたある日のこと。もしかして、胸の内を綴ってくれないだろうかと、藁にもすがる思いで通っていたパソコン教室でのことだった。順調に画面に向かっているように見えた息子が、声を押し殺すように泣き出した。それはそれは悲しそうで、指導者は戸惑っていたが、私には、

「ボクノシタイコトハコンナコトジャナイ」と言っているように思えてならなかった。

またある週末のこと、プールに連れ出してくれた夫が帰宅して、

「今日、Kがすごく泣いたんだ。泳いでいるレーンの途中で立ち上がり、跳ねながら号泣した」と言った。

出奔

二〇〇三年二月二日、よく晴れて穏やかな日曜日だった。「Kくん、今日はどうするの?」と尋ねると、床をトントンと指差して、

「イエデスゴス」と、伝えてきた。

何とめずらしいと思いながら、そのことを夫に言って、二人してかつてないほどリラックスしたのだった。それぞれが自室でゆったりとした時間を過ごし

た。久しぶりの事だった。

三時になって、私は息子を夫に託し、夕食の買い物に出かけた。レジを済ませ、ふと外を見ると、店の前を全速力で駆けていく夫の姿が見えた。瞬時にすべてを悟った私は、息子が向かうであろう地点を夫に伝え、すぐに後を追った。なんという油断！　息子はＧＰＳの端末を着けていなかった。

私はこの頃の彼の机上にあったものから、茨城県関城町にあるリズム時計の工場に違いないと思った。そこは、一度私と一緒に見学しているにもかかわらず、再度行きたがっていたのを取り合わないでいたのだった。

間の悪い乗継ぎに次ぐ乗継ぎ、必死の追跡をする者にとって、ローカル線の動きの何と遅々としたことか……。

工場所在地の最寄駅である水戸線の下館駅に着いた時は、厳冬の日はとっくに落ちて、周りは暗闇に閉ざされていた。

先に着いて、一度工場に行って探したが見つけられずに戻ってきた夫と合流し、再度工場へ向かい、周辺を探し回ったが、息子の姿を見つけることはできなかった。

下館警察署に駆け込み、パトロールを依頼した。

歩いてみて分かったことだが、駅前を除いてはほとんどが農道なのだった。暗くて、息子が頼りとする文字標識がほとんどなかった。途方に暮れて、再び警察署に相談すると、

「こちらでも度々パトロールしますよ。それより、この辺りにいるのは確かなんですか?」と問われた。

確実かといわれると自信は持てず、返答に迷っていると、

「確実にこの辺りにいるかどうか分からないのであれば、一旦家に戻り、所轄の警察署に全国一斉捜索願を届け出た方が良いですよ」と進言された。

二人の判断能力は限界で、進言に従い最終電車にとび乗った。地元に戻り、管轄の警察署に捜索願を提出し、深夜に自宅に戻った。

玄関先で毛布にくるまり、浅い眠りから覚めて受け取った電話は下館警察署からで、次のようなものだった。

「今朝五時十四分、水戸線の下館—川島間の線路を歩いていて、始発電車に接触して人身事故を起こした青年が、お宅の息子さんと思われますので、至急おいでください」

真っ白になった状態で着いた下館警察署で、息子は横たわっていた。暑がりなため、半そでTシャツの上にダウンのベストを着ただけの見慣れた姿は、息子に間違いなかった。息子は、もう動かなかった。

混乱の中で聞いた警察署員の説明によれば、夜がかすかに白みかけたころ、線路の脇を歩いている人を発見し、運転手は激しく警笛を鳴らしたが、避けなかったという。至近距離に迫ってようやく振り向いたが、すぐに先頭車両に接触して、架線下の藪に吹き飛ばされた。電車は停止し、すぐに駆け付けたが、すでに亡くなっていたとのことだった。

やはり下館だった。

真っ暗闇の中を、心躍らせて、リズム時計工場を目指したのだろう。おそらく中には入れなくて、さすがに諦めて下館に戻った。しかし駅構内は閉鎖されていて入れない。そこで線路を家路の方角に向かって歩き出した。二つ目の駅を過ぎたところで、待っていた始発電車が来たのだった。

警笛というものが、自分に危険を促しているものだということを、息子は理解できなかった。小さいときからそうだった。

程なく、息子が斃れたあたりに小さな石仏を置いて、毎月通うようになった
その場所は、鬼怒川の河川敷と、それを貫く水戸線の二本のレールがあるばか
りだった。空だけが広かった。息子の姿を、空いっぱいに描くことができた。

さいごに

自閉症についてもの言う怖さをねじ伏せて、何故書こうとしたのか。
自分でも、真の動機が分かりませんでした。
書き終えてみて、お世話になった皆様にお礼が言いたかったのだということによ
うやく気づきました。このような形でではありますが、息子にかかわってくださっ
たすべての皆様に、深く感謝いたします。

原田　青

著者略歴

原田　青（はらだ　あお）

一九四二年　栃木県生まれ

東洋大学インド哲学科卒業

専業主婦

Kくん―ある自閉症者の生涯　奥附
二〇一五年八月一八日　第一刷
二〇一五年一一月五日　第二刷
著者　原田　青＊発行日
発行者　菊池洋子＊印刷所　明和印刷＊製本所　並木製本
発行所　〒一七〇-〇〇一三　東京都豊島区東池袋五-五二-四-三〇三
紅(べに)書房　info@beni-shobo.com　http://beni-shobo.com
電話　〇三（三九八三）三八四八
FAX　〇三（三九八三）五〇〇四
振替　〇〇一二〇-三-三五九八五
落丁・乱丁はお取換します
ISBN978-4-89381-300-8
Printed in Japan, 2015